BIBLIOTHÈQUE SPÉCIALE DE LA SOCIÉTÉ
DES
AUTEURS ET COMPOSITEURS DRAMATIQUES

LOHENGRIN

OPÉRA EN TROIS ACTES

DE

RICHARD WAGNER

TRADUCTION DE

CHARLES NUITTER

PARIS

E. DENTU, ÉDITEUR

Libraire de la Société des Auteurs et Compositeurs dramatiques
ET DE
la Société des Gens de Lettres.

PALAIS-ROYAL, 17 & 19, GALERIE D'ORLÉANS.

1870

Adrienne Lecouvreur, comédie-drame en 5 actes, par MM. Scribe et E. Legouvé. Grand in 8. » 60
L'Affaire de la Rue Quincampoix, comédie en un acte, par MM. Dupin et Clairville. 1 »
L'Affaire est arrangée, comédie en un acte de MM. E. Cadol et W. Busnach. 1 »
Nos Alliées, comédie en 3 actes, de M. Pol Moreau. 2 »
L'Amour a itoyen, vaudeville en un acte, par M. Jules Renard. 1 »
L'Ange de mes rêves, vaudeville en 3 actes, par MM. Varin et Michel Delaporte. 1 »
L'Auteur de la pièce, comédie-vaudeville en un acte, de MM. Varin et Mic. Delaporte. 1 »
L'Automne d'un Farceur, scènes de la vie conjugale, par MM. Ed. Brisebarre et Eugène Nus. 1 »
Autour du Lac, comédie en un acte, par MM. Crisafulli et Jules Prevel. 1 »
L'Avocat des Dames, comédie-vaudeville en un acte, de MM. H. Rimbaut et R. Deslandes. 1 »
La Bergère de la rue Monthabor, comédie-vaudeville en 4 actes, de MM. Eugène Labiche et Delacour. 2 »
Les bienfaits de Champavert, comédie-vaudeville en un acte, par M. Henri Rochefort. 1 »
La Bonne aux Camélias, vaudeville en un acte, par MM. Hector Crémieux et Jaime fils, in-18. 1 »
La Botte d'Asperges, vaudeville en un acte, par MM. Thiéry et Bedeau. 1 »
Le Bouchon de carafe, vaudeville en un acte, de MM. Dupin et Eugène Grangé. 1 »
Le Cadeau d'un horloger, vaudeville en un acte, par M. Hippolyte Rimbaut, in-18. » 60
La Cagnotte, comédie-vaudeville en 5 actes, de MM. Eug. Labiche et A. Delacour. 2 »
Les Calicots, vaudeville en 3 actes, par MM. H. Thiéry et Paul Avenel, in-4. » 50
Le Canard à trois becs, opéra-bouffe en 3 actes, paroles de M. J. Moinaux, musique de Jonas, in-18. 1 50
Le Carnaval d'un merle blanc, folie parée et masquée en 3 actes, par MM. Chivot et A. Duru. 2 »
L'Échéance, comédie en un acte, par M. Georges Petit. In-18. 1 »
Le Cachemire H-B-T, comédie en un acte, par MM. Eugène Labiche et Eugène Nus. In-18. 1 »
Célimare le Bien-Aimé, comédie-vaudeville en 3 actes, de MM. Labiche et Delacour. 2 »
Les Chambres de Bonnes, vaudeville en 3 actes, par MM. Hippolyte Rimbaut et Raimond Deslandes, in-18. 1 50
La Chasse au Bonheur, comédie en un acte, par M. Adrien Decourcelle. 1 »
Les Chemins de fer, comédie-vaudeville en 5 actes, par MM. Eugène Labiche, Delacour et Adolphe Choler, in-18. 2 »
Les Chevaliers de la Table Ronde, opéra-bouffe en 3 actes, paroles de M. H. Chivot et A. Duru, musique de M. Hervé, in-18. 1 50
Chilpéric, opéra-bouffe en 3 actes, paroles et musique de M. Hervé. In-4. » 50
Cinq cents francs de récompense, vaudeville en un acte, par MM. Siraudin et V. Bernerd. 1 »
Le Choix d'un gendre, pochade en un acte, par MM. E. Labiche et Delacour, in-18. 1 »
La Chouanne, drame en 5 actes et 10 tableaux, par MM. Paul Féval et H. Crisafulli, in-18. 2 »
La Comédie de la vie, scènes parisiennes en 5 actes, par M. Ed. Brisebarre. 1 »
Le Comité de lecture, comédie en un acte, en vers, par M. Leon Bertrand. 1
La Commode de Victorine, comédie-vaudeville en un acte, par MM. E. Labiche et E. Martin
Le Comte d'Essex, drame historique en 5 actes par M. E. Couturier. In-4. » 5
Les Contributions indirectes, comédie vaudeville en un acte, par M. Henri Thiéry. 1
Le Corricolo, opéra comique en 3 actes, paroles de MM. Eugène Labiche et Michel Delacour, musique de M. E. Poise, in-18. 1
Un Coup d'éventail, comédie en un acte, par MM. Charles Nuitter et Louis Dépret, in-4 1
Les Couteaux d'or, drame en 5 actes et 8 tableaux, par M. Ferdinand Dugué, tiré du roman de Paul Féval, in-18. 1 5
Les Curiosités de Jeanne, comédie en un acte par M. E. Vercousin. 1
La Dame aux giroflées, comédie-vaudeville en un acte, par MM. Varin et M. Delaporte. 1
La Dame au petit chien, comédie-vaudeville en un acte, pa MM. Labiche et Dumoustier 1
Une Dame du lac, comédie-vaudeville en un acte par M. Adrien Choler. 1
Le Dernier jour de Pompeï, opéra en 4 actes paroles de MM. Nuitter et Beaumont, musique de M. Victorin Joncières, in-18. 1
Le Dernier Couplet, comédie en un acte, par M. Albert Wolff. 1
Le Docteur Crispin, opéra-bouffe en 4 actes, paroles de MM. Nuitter et Beaumont, musique des frères L. et F. Ricci. In-18. 1 5
Le Dossier de Rosafol, comédie-vaudeville en un acte, par MM. Labiche et Delacour. In-18 1
Ernest, comédie en un acte, par MM. Clairville et Oct. Gastineau. 1
La Fée aux roses, opéra-comique en 3 actes par MM. Scribe et de Saint-Georges, musique de M. Halévy. Gr. in-8. 1
Une Femme qui bat son Gendre, comédie-vaudeville, en un acte, par MM. Warin et M. Delaporte. 1
Une Femme, un Melon et un Horloger, vaudeville en un acte, par MM. Varin et M. Delaporte. 1
La Fiancée de Corinthe, opéra en un acte, paroles de M. Camille Du Locle, mus. de M. J. Duprato. In-18. 1
La Fiancée du roi de Garbe, opéra-comique en actes, de MM. Scribe et de Saint-Georges, musique de M. Auber. 2
Le Fifre enchanté, opérette en un acte, paroles de MM. Nuitter et Tréfeu, musique de M. Jacques Offenbach. in-18. 1
Le Fils du brigadier, opéra-comique en 3 actes paroles de MM. Eugène Labiche et A. Delacour, musique de M. Victor Massé, in-18 1
La Fille bien gardée, comédie-vaudeville en un acte, de MM. E. Labiche et Marc-Michel 1
La Fille de Molière, comédie en un acte, en vers par Edouard Fournier. 1
Les Filles mal gardées, comédie en 3 actes MM. Varin et Michel Delaporte. 2
Les Finesses de Bouchavanes, comédie en acte, mêlée de chant, par MM. Marc-Michel Ad. Choler. 1
Fleur de Thé, opéra-bouffe en 3 actes, par A. Duru et H. Chivot musique de M. C. Lecocq. 1

LOHENGRIN

Ⓒ

638 Paris. — Typ. Morris père et fils, 64, rue Amelot.

LOHENGRIN

OPÉRA EN TROIS ACTES

DE

RICHARD WAGNER

TRADUCTION DE

CHARLES NUITTER

PARIS

E. DENTU, ÉDITEUR

Libraire de la Société des Auteurs et Compositeurs dramatiques

ET DE

la Société des Gens de Lettres.

PALAIS-ROYAL, 17 & 19, GALERIE D'ORLÉANS.

—

1870

PERSONNAGES

—

HENRI, roi d'Allemagne.

LOHENGRIN.

FRÉDÉRIC DE TELRAMUND, comte brabançon.

UN HÉRAUT.

QUATRE CHEVALIERS BRABANÇONS.

ELSA DE BRABANT.

ORTRUDE, femme de Frédéric.

QUATRE PAGES.

NOBLES DE SAXE ET DE THURINGE, NOBLES BRABANÇONS,

CHEVALIERS, DAMES, PAGES, SERVITEURS.

La scène se passe à Anvers, vers le milieu du Xe siècle.

LOHENGRIN

ACTE PREMIER

Une prairie sur les bords de l'Escaut, près d'Anvers. Le roi Henri est assis sous le chêne au pied duquel on rend la justice. Auprès de lui sont les comtes de Saxe et de Thuringe, les nobles et les écuyers qui forment le ban du roi.
En face les comtes, les écuyers et le peuple de Brabant, ayant à leur tête Frédéric de Telramund, près duquel se tient Ortrude.

SCÈNE PREMIÈRE

LE ROI HENRI, FRÉDÉRIC, ORTRUDE, UN HÉRAUT, QUATRE TROMPETTES, COMTES *et* ÉCUYERS SAXONS *et* BRABANÇONS, PEUPLE DE BRABANT.

Le héraut et quatre trompettes s'avancent au milieu de l'assemblée. Les trompettes sonnent l'appel du roi.

LE HÉRAUT.

Ducs! comtes! peuple! écoutez tous!
C'est le roi d'Allemagne, Henri, qui vient vers vous
Traiter selon les lois de votre empire :
Voudrez-vous donc souscrire
A ses vœux?

LES BRABANÇONS.

Nous jurons de suivre en tout sa loi!
Grand prince, honneur et gloire, gloire à toi!

LE ROI HENRI, *se levant.*

Dieu vous garde.
Noble peuple de Brabant!
De recourir à votre aide il me tarde.
Rendons la vie à l'empire allemand!
(*Tous prêtent une attention solennelle.*)
Vous savez trop combien de fois la guerre

De l'Orient vint fondre sur nos toits !
Vous appreniez aux enfants pour prière :
Dieu ! sauve-nous du glaive des Hongrois !
L'honneur de mettre un terme à ce martyre
Me revenait à moi, chef dé l'empire.
Le glaive en main j'obtins la trêve de dix ans;
J'ai su mettre à profit le temps;
J'ai mis nos forts, nos villes en défense,
De nos soldats j'exerçai la vaillance.
La trêve va finir ! Marchons au but !
Nos ennemis refusent le tribut.

(*Avec beaucoup de chaleur.*)

L'heure a sonné, sachons sauver l'empire !
Debout ! debout ! prodiguons notre sang.
Tirez le glaive ! à moi de vous conduire,
Et l'Allemagne enfin reprend son rang !

LES SAXONS, *frappant sur leurs armes.*

Que Dieu protége l'Allemand !

LE ROI, *avec bienveillance.*

Et maintenant, ô peuple de Brabant,
Quand je vous veux conduire vers Mayence,
Quelle douleur j'éprouve en vous voyant
Tous désunis et sans un chef puissant !
Mon âme saigne encore, quand j'y pense.
Toi, Frédéric, parle, répondras-tu ?
Je sais quel est l'éclat de ta vertu.
Ah ! parle, car en toi j'ai confiance.

FRÉDÉRIC, *avec solennité.*

O noble roi, merci d'être venu
De te tromper, ô prince ! je n'ai garde !
Lorsque mourut le prince de Brabant,
Il confia sa famille à ma garde.
Elsa sa fille; et Gottfried presque enfant.
J'aimais ce fils, je guidais sa jeunesse,
Sa vie était ma gloire, ma richesse !
Écoute, sire, et comprends ma douleur

Quand avec lui me fut ravi l'honneur !
Dans le bois solitaire,
Elsa l'avait conduit...
Seule... elle revint à la nuit,
D'un air ému nous demandant son frère,
Qu'elle n'avait quitté qu'un seul moment,
Et puis cherché, dit-elle, vainement.
(*Avec émotion.*)
De son destin je n'ai pu rien connaître,
Et quand Elsa comparut à mes yeux,
A sa pâleur, au trouble de son être
Je devinai l'aveu d'un crime affreux.
Lors n'éprouvant pour elle que l'horreur,
Je repoussai l'hymen qu'avait dicté son père,
Et n'écoutant plus que mon cœur,
Je pris pour femme, Ortrud, qui m'était chère.
(*Ortrud s'incline devant le roi.*)
Ortrud, du roi des Frisons noble enfant.
(*Il s'avance lentement.*)
Je porte plainte ici contre Elsa de Brabant !
C'est elle qui tua son frère !
Il faut me donner cette terre,
A moi ! Ne suis-je pas le plus proche parent,
L'époux de celle dont le sang
Donna des chefs souvent à cet illustre empire ?
Telle est ma plainte, sire !
Juge-nous !

TOUS LES HOMMES, *avec un mouvement d'horreur.*

Ah ! mystère plein d'horreur !
Sa plainte a fait frémir mon cœur !

LE ROI.

Ah ! quel forfait sinistre, redoutable !
D'un pareil crime est-elle donc capable !

FRÉDÉRIC, *toujours avec violence.*

O roi ! j'ai lu sans peine dans son cœur,
De ses refus j'ai subi la hauteur.

Un autre amour brûle en son âme fière.
(*Avec une amertume croissante.*)
Elle a pensé qu'après la mort d'un frère,
Elle pourrait, maîtresse du Brabant,
De son vassal repousser la requête
Et de son cœur suivre la voix secrète.

LE ROI, *arrêtant du geste l'emportement de Frédéric.*
Qu'elle paraisse ici ! le jugement
Va commencer. Guide-moi, Dieu puissant.

LE HÉRAUT.
Est-ce justice et droit qu'on va rendre à présent?

LE ROI, *suspend avec solennité son écu au chêne.*
Avant que ma voix ne punisse,
Ce fer ne me défendra pas.

(*Tous les hommes quittent leurs armes. Les Saxons et les Thuringiens plantent devant eux leurs épées nues. Les Brabançons déposent leurs armes à leurs pieds.*)

TOUS LES HOMMES.
Jusqu'à l'arrêt de la justice
Ce glaive doit armer nos bras.

LE HÉRAUT.
Voici le bouclier du roi,
Signe de la justice sainte !
Du tribunal entends l'appel, Elsa ! Sans crainte
Montre-toi !

SCÈNE II

LES MÊMES, ELSA.

(*Elsa paraît, puis s'arrête un moment au fond. Elle s'avance à pas lents et d'un air plein de pudeur jusqu'au milieu de la scène. Des jeunes filles la suivent et s'arrêtent au fond.*)

TOUS LES HOMMES.
Voyez ! voici la pauvre femme.

La vertu brille sur son front.
Comment peut-on d'un crime infâme
En face lui jeter l'affront?

LE ROI.

N'es-tu pas Elsa de Brabant ?
(*Elsa fait un signe d'affirmation.*)
M'acceptes-tu pour juge ?
(*Elsa regarde le roi en face et répond par le même signe.*)
Maintenant
Approche !
Sans nul doute tu connais
Le crime que l'on te reproche ?

ELSA *regarde Frédéric, frémit et répond encore d'un air triste par un signe affirmatif.*

N'as-tu donc rien à dire?
(*Elle fait signe qu'elle n'a rien à répondre.*)
Tu te tais ?
Est-ce un aveu?

ELSA *reste longtemps immobile, puis regarde au loin. A elle-même.*

Mon pauvre frère !

LES HOMMES, *entre eux.*

Ah ! qui pourrait
Comprendre un tel mystère?

LE ROI, *ému.*

Parle, Elsa ! dis ! quel est donc ton secret?

ELSA, *regardant au loin dans une extase calme.*

Dans ma douleur amère
Je m'adressais au ciel,
Cherchant dans la prière
L'oubli d'un sort cruel.
Soudain je crus entendre
Les plus divins concerts,
Ma voix semblait s'étendre,
Et remplissait les airs !

Puis dans l'azur limpide
Les bruits se sont calmés,
Et d'un sommeil rapide
Mes yeux se sont fermés.

LES HOMMES.

Ah! quel discours! Eh quoi! perds-tu l'esprit?

LE ROI, *cherchant à la tirer de sa rêverie.*

Elsa!...
Réponds, car tes juges sont là!...

ELSA, *toujours dans la même attitude et plongée dans une extase de plus en plus profonde.*

Sous une riche armure
Parut un chevalier.
Une vertu plus pure,
Jamais n'a pu briller.
Sa main tenait le glaive,
Avec la trompe d'or.
Tel, vers moi, dans mon rêve,
Il prit son noble essor.
Bientôt son doux langage
Calma mon sombre ennui;
Il m'a rendu courage,
C'est lui mon seul appui!

TOUS LES HOMMES, *très-émus.*

Protége-nous, ô Dieu du ciel.
Et montre-nous le criminel!

LE ROI, *à Frédéric.*

Partout on vante sa vertu,
En l'accusant y songes-tu?

FRÉDÉRIC.

J'ai bien compris! malgré ce feint délire!
Voyez! Elle aime et n'ose pas le dire,
Pour l'accabler j'ai des témoins certains!
Oui! j'ai du fait les preuves dans mes mains.
Mais je dédaigne un lâche témoignage,

Et ma fierté méprise ces moyens.
Moi! moi seul et ce fer, voilà quel est mon gage.
Parlez! qui veut combattre contre moi.

LES BRABANÇONS, *très-animés.*

Pas un de nous! nous combattrons pour toi!

FRÉDÉRIC.

Et toi, seigneur, n'as-tu plus souvenance
De mes exploits
Contre les fiers Danois?

LE ROI.

Malheur à qui conteste ta vaillance!
Oui, pour jamais on la proclamera!
Il n'est personne ici que je préfère,
Pour gouverner ce peuple. Dieu fera
Sur nous briller l'éclat de sa lumière.

TOUS LES HOMMES.

Oui, Dieu jugera!
Allons!

LE ROI, *tirant son épée et la plantant en terre devant lui.*

Toi, Frédéric, d'abord,
Parle! Par un combat à la vie à la mort,
Acceptes-tu d'avance
Ta sentence?

FRÉDÉRIC.

Oui.

LE ROI.

Toi, réponds, dis, Elsa de Brabant,
Par ce combat et par le jugement
De Dieu, veux-tu prouver à tous ton innocence?

ELSA, *sans lever les yeux.*

Oui.

LE ROI.

Qui prendra ta défense.

FRÉDÉRIC, *vivement.*

A présent nous saurons
Celui qu'elle aime!

LES BRABANÇONS.

Écoutons!

(*Elsa n'a pas quitté son attitude inspirée. Tous les regards sont tournés vers elle.*)

ELSA.

Oui, j'ai repris courage,
C'est lui mon seul vengeur!
Mais apprenez le gage
Que j'offre à sa valeur!
Au trône de mon père
Qu'il monte dès ce jour.
Tout ce que j'ai sur terre
Est à lui sans retour.
Et si je puis lui plaire,
Qu'il prenne mon amour!

TOUS LES HOMMES, *entre eux.*

Un noble prix et lorsque Dieu le donne,
On peut tenter même un combat mortel.

LE ROI.

Le chaud soleil brille et rayonne,
Voici l'instant de proclamer l'appel!

(*Le Héraut d'armes s'avance avec les quatre trompettes, il les tourne vers les quatre côtés du ciel et les fait avancer jusqu'aux limites du cercle formé par le tribunal. Ils s'arrêtent et sonnent l'appel.*)

LE HÉRAUT.

Si dans ces lieux il est un combattant,
Pour Elsa de Brabant,
Qu'il vienne donc!...

(*Elsa avec une anxiété profonde attend la réponse.*)

TOUS LES HOMMES.

L'appel est resté sans réponse.

FRÉDÉRIC, *montrant Elsa.*

Eh bien! lorsque ma voix l'annonce,
Douterez-vous de son forfait?

TOUS LES HOMMES.

Le sort l'accable, c'en est fait !

ELSA, *s'approchant du roi.*

Mon noble prince, je t'implore !
Que le signal résonne encore !
(*Avec candeur.*)
Mon chevalier est loin de moi !

LE ROI, *au héraut.*

Proclame encore le tournoi !

(*Sur un signe du héraut les quatre trompettes sonnent comme la première fois.*)

Si parmi vous il est un combattant
Pour Elsa de Brabant,
Qu'il vienne donc !...

LES HOMMES.

Silence horrible, menaçant.

(*Elsa tombe à genoux. Les femmes, pleines de crainte pour leur maîtresse, s'approchent d'elle.*)

ELSA.

O toi, qui lui portas ma plainte,
Et les échos de ma douleur,
Seigneur ! fais que dans cette enceinte,
Paraisse enfin mon défenseur !

LES FEMMES.

Dieu ! protége Elsa !
Grâce ! sauve-la !

ELSA, *avec exaltation.*

Tel qu'en mon rêve il se montra,
Fais-le venir !
(*Avec une expression de bonheur.*)
Fais qu'il soit là !

(*Les hommes placés près du rivage sur une éminence aperçoivent Lohengrin qui approche dans une nacelle traînée par un cygne.*)

LES HOMMES.

Voyez ! voyez ! ô surprise nouvelle !
Un cygne vient traînant une nacelle !

(*Les hommes placés en scène observent d'abord sans changer de place, et avec une curiosité croissante, puis se réunissent aux premiers.*)

TOUS LES HOMMES.

Un chevalier vient tenter le combat,
Voyez! voyez! son armure étincelle!
L'œil est surpris de son éclat,
Un cygne conduit la nacelle.
Là!... voyez! il s'approche... il vient plus près encor!
Le cygne blanc porte un chaîne d'or.

(*Lohengrin suivant la courbe du fleuve disparaît entre les arbres. Tous les hommes sont remontés au fond. Il ne reste sur le devant de la scène que le roi, Frédéric, Ortrude, Elsa et ses femmes. De la place élevée qu'il occupe, le roi contemple l'apparition. Frédéric et Ortrude regardent avec étonnement et colère. Elsa, écoutant avec joie les cris du peuple, semble sous l'empire d'un charme et n'ose regarder ce qui se passe derrière elle. Ses femmes se mettent à genoux.*)

TOUS.

Miracle! miracle! miracle!
Fut-il jamais plus beau spectacle!

SCÈNE III

LES MÊMES, LOHENGRIN.

(*La nacelle, conduite par le cygne, s'arrête au fond, au milieu de la scène. Lohengrin est debout, revêtu d'une armure d'argent, le casque en tête, le bouclier sur l'épaule, une petite trompe d'or au côté, appuyé sur son épée. Frédéric le regarde en silence. Ortrude, qui, pendant le jugement, a gardé une attitude froide et hautaine, regarde Lohengrin et le cygne avec effroi. Elsa se retourne et pousse un grand cri en voyant Lohengrin.*)

LES HOMMES.

Salut! héros aimé du ciel!

Gloire à toi! gloire à toi! noble et vaillant mortel!

(*Aussitôt que Lohengrin fait un mouvement pour quitter la nacelle, tout le monde se tait et attend avec anxiété.*)

LOHENGRIN, *un pied encore dans la nacelle, s'inclinant devant le cygne.*

Mon cygne aimé, je te bénis!
Vas, à travers l'onde lointaine,
Revoir les lieux d'où tu partis!
Et qu'un sort heureux te ramène
Quand nos destins seront remplis.

Le cygne entraîne la nacelle et remonte le fleuve. Lohengrin le suit des yeux avec mélancolie.)

LES HOMMES.

Quel charme pur et sans mélange,
A son aspect vient nous ravir!
Qui donc est-il, cet homme étrange
Qu'un tel miracle a fait venir?

Lohengrin a quitté le rivage et s'avance d'un pas lent et solennel.)

LOHENGRIN, *au roi.*

Salut! ô roi Henri! sans cesse
Que Dieu protége ta valeur!
De ta vertu, de ta noblesse
Que tout célèbre la splendeur!

LE ROI.

Merci!... si j'ai compris d'avance
Quel ordre t'amène en ce lieu
Tu viens par un décret de Dieu!

LOHENGRIN.

Je viens défendre l'innocence
Que l'on accuse injustement.
C'est mon devoir! et maintenant
Je dois savoir quel sort m'attend.

(Il se rapproche toujours d'Elsa.)
Parle!... Ah! parle, Elsa de Brabant.
Ce glaive est prêt pour ta défense.
Sans regret et sans nul effroi
En ma valeur auras-tu foi?

(Elsa, qui depuis qu'elle a aperçu Lohengrin est restée sans mouvement comme sous l'empire d'un charme, semble se réveiller et tombe à ses pieds avec un sentiment de bonheur.)

ELSA.

O mon bon ange, sauve-moi;
Et je veux être toute à toi!

LOHENGRIN, *avec chaleur.*

Si je remporte la victoire,
Parle! Serai-je ton époux!

ELSA.

Je t'appartiens, tu peux me croire,
Oui! je le jure à tes genoux.

LOHENGRIN.

Elsa! si tu veux que je t'aime,
Que je protége tes États,
Que ton sort soit toujours le même,
Apprends la loi que tu suivras :
Sans chercher à connaître
Quel pays m'a vu naître,
Ma race ni ma loi,
Tu garderas ta foi!

ELSA, *à voix basse presque sans connaissance.*

Non! non! je ne veux rien apprendre.

LOHENGRIN.

Elsa! m'as-tu bien su comprendre?
Sans chercher à connaître
Quel pays m'a vu naître,
Ma race ni ma loi,
Tu garderas ta foi!

ELSA, *avec un regard plein d'une confiance profonde.*

O toi! mon maître, mon bon ange,
Qui seul dans mon honneur as foi,
Par quel soupçon impie, étrange,
Pourrais-je encor douter de toi!
De même que tu crois en moi.
Oui! sois sans crainte sur ma foi.

LOHENGRIN, *pressant Elsa contre son cœur.*

Je t'aime, Elsa.

(*Lohengrin et Elsa restent longtemps dans la même attitude.*)

LES CHOEURS.

Quelle merveille!
Un charme a-t-il séduit nos yeux?
Quel doux transport en moi s'éveille
Près de cet homme aimé des cieux!

(*Lohengrin remet Elsa à la garde du roi.*)

LOHENGRIN, *s'avançant au milieu de la scène.*

Eh bien! seigneurs et peuple, me voilà
Prêt à prouver l'innocence d'Elsa.

(*A Frédéric.*)

Toi qui l'accuses,
Je le dis à tous,
Tu nous abuses!
Que Dieu juge entre nous.

LES HOMMES, *à Frédéric.*

Il faut céder, redoute un piége,
C'est la défaite qui t'attend.
Si quelque charme le protége,
Que te sert-il d'être vaillant?

FRÉDÉRIC, *avec violence, fixant sur Lohengrin un regard pénétrant.*

Mieux vaut la mort que d'être lâche.
De quelque sang qu'il soit sorti,
Ferme j'accomplirai ma tâche.
Jamais ma bouche n'a menti!

Tentons l'épreuve de la guerre,
Allons ! qu'entre nous le combat
Prouve mon droit avec éclat.

LOHENGRIN.

O prince, ordonne le combat.

LE ROI.

Par trois témoins que pour chaque adversaire
Soit mesuré le champ de ce débat !

(Trois nobles Saxons se présentent pour Lohengrin, trois Brabançons pour Frédéric; ils mesurent d'un pas solennel le champ du combat et en marquent la limite avec leurs lances.)

LE HÉRAUT, *au milieu du champ clos.*

Et maintenant écoutez-moi,
Et du combat suivez la loi !
Qu'ici nul ne la brave.
Si quelqu'un ose faire un pas,
Au noble on tranchera la main, et pour l'esclave
C'est le trépas !

TOUS LES HOMMES.

Au noble on tranchera la main, et pour l'esclave
C'est le trépas !

LE HÉRAUT.

Vous de l'épreuve protectrice
Suivez les lois dans ces combats.
Sans ruse, sans nul artifice
Que l'équité règle vos coups !
Dieu vous contemple, inclinez-vous !
Comptez sur lui plus que sur vous.

LOHENGRIN *et* FRÉDÉRIC, *se tenant chacun à une des extrémités du champ clos.*

Dieu nous contemple en sa justice !
En lui j'ai foi
Bien plus qu'en moi.

(*Tous se découvrent avec un recueillement religieux.*)

LE ROI, *d'un ton solennel.*

O Dieu du ciel en qui j'ai foi,
Par ce combat prononce toi.
Le glaive brille et ta sentence
Écarte de nous toute erreur.
Du juste augmente la vaillance
Au traître enlève sa vigueur!
Éclaire-nous, ô Dieu vengeur!
Notre sagesse n'est qu'erreur.

ENSEMBLE.

ELSA *et* LOHENGRIN.

J'ai mis ma force en toi, seigneur,
J'attends ton arrêt sans frayeur!

ORTRUD.

J'ai pleine foi dans sa valeur,
Son bras puissant sera vainqueur.

FRÉDÉRIC.

Je veux combattre et sans frayeur!
Grand Dieu! protége mon honneur.

LE ROI.

O Dieu du ciel en qui j'ai foi,
Prononce et dicte-nous ta loi.

(*Tous vont d'un pas lent reprendre leurs places. Les six témoins se tiennent appuyés sur leurs lances auprès du cercle. Les autres hommes se placent à une petite distance. Elsa et les femmes se tiennent près du chêne royal. Le héraut fait donner le signal par les trompettes. Lohengrin et Frédéric achèvent de s'armer. Le Roi tire son épée de terre et en frappe trois coups sur le bouclier suspendu au chêne. Lohengrin et Frédéric prennent position. Ils tirent leur épée et se couvrent de leur bouclier. Ils commencent le combat. Lohengrin frappe le premier et attaque Frédéric avec violence. Frédéric, blessé, fait quelques pas en arrière et tombe à terre.)*

LOHENGRIN, *mettant son épée sur la gorge de Frédéric.*

Dieu t'a frappé! ta vie est dans ma main.
(*Retirant son épée.*)
Je t'en fais don. Repens-toi donc enfin!

(*Tous les hommes reprennent leurs épées et les font résonner dans le fourreau. Les témoins retirent leurs lances de terre. Le roi détache son bouclier suspendu au chêne. Tous se répandent avec joie dans le cercle. Elsa est auprès de Lohengrin.*)

ELSA.

Oh quelles voix pourraient célébrer tes louanges.!
Les chœurs des archanges
Sont seuls dignes de toi!
Mon être dans ton être
Se perd et suit ta loi;
Sois mon seul bien, mon maître,
Mon âme s'est donnée à toi!

LE ROI *et les* CHOEURS.

Qu'on fête sa victoire,
Partout chantez sa gloire;
Gloire à ton nom,
Gloire à ta race,
Dont rien n'efface
Le pur renom!

ORTRUDE, *les yeux fixés sur Lohengrin.*

Quelle vertu secrète
A brisé mon pouvoir?
Faut-il courber la tête
Et perdre tout espoir.

LOHENGRIN, *tenant Elsa dans ses bras.*

C'est toi, dont l'innocence
Soutint mon bras vengeur;
Après tant de souffrance

La paix rentre en ton cœur !
Qu'à ta longue souffrance
Succède le bonheur !

(*Frédéric est aux pieds d'Ortrude, presque défaillant. Les hommes élèvent Lohengrin sur son bouclier et Elsa sur le bouclier du roi, après avoir jeté dessus leurs manteaux. Ils les emportent ainsi au milieu des cris de joie.*)

Le rideau tombe.

FIN DU PREMIER ACTE.

ACTE DEUXIÈME

Le théâtre représente l'intérieur du chateau d'Anvers. Au milieu le Palas, demeure des chevaliers; à gauche la Kemenate, demeure des femmes. A droite la porte de l'église. Il fait nuit.

SCÈNE PREMIÈRE

ORTRUDE, FRÉDÉRIC, *couverts d'habits sombres et pauvres, sont assis sur les marches de l'église. Frédéric est absorbé dans une sombre rêverie. Ortrude regarde les fenêtres du château vivement éclairées. On entend dans le château une musique joyeuse.*

FRÉDÉRIC, *se levant tout à coup.*

Allons! debout! compagne de ma honte,
Le jour qui naît, loin d'ici nous verra.

ORTRUDE, *sans changer de position.*

Je veux rester, le sort m'enchaîne là!
J'écoute encore, et dans ce chant qui monte
Ah! laisse-moi puiser un noir poison
Par qui ta honte et leur bonheur s'achève.

FRÉDÉRIC, *s'approchant d'Ortrude.*

O femme sans pitié! Quel noir démon
A toi m'enchaîne?
(*Avec une sombre violence.*)
Eh quoi! n'aurai-je pas de trêve!
Je veux chercher bien loin, bien loin
Un long repos dont mon cœur a besoin!
(*Avec emportement et douleur.*)
Par toi sur ma mémoire
L'opprobre est répandu!
De mon ancienne gloire
Tout l'éclat est perdu!
Rangé parmi les traîtres,

J'ai vu ce fer brisé,
Le nom de mes ancêtres
Par tous est méprisé!
Sans un ami qui m'aime
Banni de toutes parts,
De moi le bandit même
Détourne ses regards.
(*Presque pleurant.*)
Ah! que la mort est douce
Auprès de ma douleur
(*Avec le plus profond désespoir.*)
Partout on me repousse...
Tu m'as ravi l'honneur!
(*Il tombe à terre en proie au désespoir.*)
Musique dans le château.

ORTRUDE, *toujours dans la même position, sans regarder Frédéric qui se relève lentement.*

Mais d'où vient ta douleur, et quel souci t'alarme?

FRÉDÉRIC.

Monstre! que n'ai-je encor une arme,
Pour me venger de toi!

ORTRUDE, *avec une ironie calme.*

Comte de Telramund! ô Frédéric! pourquoi
Douter de moi?

FRÉDÉRIC.

Tu causas seule ma démence,
Toi! qui me fis accuser l'innocence!
Guettant au fond du bois épais,
Tu m'avais dit que, témoins de ce crime
Tes yeux avaient vu noyer la victime!
Au sein des flots, Elsa, tu l'affirmais,
Précipita son frère, et tu disais
Pour redoubler ma haine et mon audace,
Que de Radbod bientôt l'antique race
Ressaisirait le pouvoir souverain;
Pour toi, d'Elsa j'ai refusé la main!

Ta ruse réussit, c'est toi qui pris sa place!
Toi, de Radbod dernier enfant!

ORTRUDE, *à part.*

O supplice, ô martyre!
(*Haut.*)
Sans doute, moi, j'ai pu le dire.

FRÉDÉRIC, *très-animé.*

Moi! dont le nom jadis était si grand,
Moi! dont la vie était la vertu même,
Tu me trompas par un tel stratagème.

ORTRUDE, *avec hauteur.*

Qui donc te trompa?

FRÉDÉRIC.

Toi! qui causas mon erreur
Dieu châtia ma faute!

ORTRUDE, *avec une amère ironie.*

Dieu?

FRÉDÉRIC.

Qu'entends-je?
Combien ce nom, dit par toi, semble étrange!

ORTRUDE.

Dieu? tu nommes ainsi ta peur!

FRÉDÉRIC.

Ortrude!...

ORTRUDE.

Oh! le grand cœur qui menace une femme!
O lâche! que n'as-tu gardé cette fureur
Pour faire succomber l'infâme
Qui seul causa l'excès de ton tourment!
Ah! que sans crainte on le combatte,
Il est plus faible qu'un enfant!

FRÉDÉRIC.

Plus il est faible et mieux éclate
Le pouvoir de Dieu!

ORTRUDE.

Son pouvoir!

Compte sur moi ! Je veux te faire voir
Le faible appui du Dieu qui le défend !

FRÉDÉRIC, *frissonnant, en proie à un trouble secret.*

O femme
Au cœur de fer ! ne veux-tu pas,
Pour me tromper ourdir quelque autre trame ?

ORTRUDE, *montrant le palais où les lumières sont éteintes.*

Le doux repos succède à leurs ébats.
Approche-toi de moi, car tout mystère,
En ce moment, pour moi s'éclaire.

(*Frédéric s'approche d'Ortrude et l'écoute comme fasciné.*)

Connais-tu ce héros,
L'être qu'un cygne a conduit sur les eaux ?

FRÉDÉRIC.

Non !

ORTRUDE.

A tout prix tu voudras le connaître
Quand tu sauras que de son être
Si l'on découvre le secret,
Pour lui le charme cesse.
Soudain sa force disparaît.

FRÉDÉRIC.

Ah ! je m'explique ma faiblesse.

ORTRUDE.

Attends ! De ravir ces secrets,
Seule une femme a la puissance :
La femme qui promit d'avance
De ne l'interroger jamais !

FRÉDÉRIC.

Il faut donc par quelque artifice
Faire d'Elsa notre complice ?

ORTRUDE.

Comme ton cœur me comprend bien !

FRÉDÉRIC.

Mais comment l'y contraindre?

ORTRUDE.

Écoute !

D'ici, d'abord, il ne faut pas t'enfuir.
Alors, pour réussir,
Dans son esprit jetant le doute,
Parais ! Dis qu'un pouvoir trompeur,
Des juges a causé l'erreur !

FRÉDÉRIC, *avec une fureur croissante.*

Oui ! ruse et charme impie !

ORTRUDE.

Sinon, la force aura raison de lui.

FRÉDÉRIC.

La force !...

ORTRUDE.

Aurais-je en vain l'appui
Qu'ici m'assure la magie !
Écoute bien, je t'en supplie !
Quand par un charme on se défend,
La plus légère atteinte,
Alors fait qu'à l'instant,
En vous la force reste éteinte.
C'est la loi.

FRÉDÉRIC.

S'il se pouvait !...

ORTRUDE.

Si tu l'avais effleuré dans la lutte,
A tes efforts restant en butte,
De toi soudain il dépendait !

FRÉDÉRIC, *très-ému.*

L'infâme ! Dieu ! que viens-tu de m'apprendre,
Du ciel j'ai cru subir l'arrêt.
(*Avec rage et amertume.*)
J'ai combattu sans pouvoir me défendre.

Un charme ainsi sur ma valeur pesait!
Je pourrais donc punir l'injure!
Punir celui qui me bravait!
Montrer le crime du parjure,
Et mon honneur refleurirait.
O femme, en ta science
Encor j'ai foi;
Mais si tu m'as trompé, malheur à toi!
Malheur!

ORTRUDE.

Calme ta rage! En moi prends confiance,
Sache combien est douce la vengeance!
(*Frédéric s'assied auprès d'Ortrude.*)

ENSEMBLE.

Vengeance, viens! guide nos armes!
Au sein des nuits éclaire-nous.
Du doux repos goûtez les charmes,
Quand le malheur s'étend sur vous.

SCÈNE II

LES MÊMES, ELSA.

(*La porte qui donne sur la terrasse du château s'ouvre. Elsa paraît sur la terrasse, vêtue de blanc. Elle s'appuie sur la balustrade, la tête dans ses mains. Frédéric et Ortrude sont toujours assis sur les degrés du château.*)

ELSA.

Vous que troublait naguère
L'écho de mes soupirs,
De mon destin prospère
Soyez témoins, zéphyrs!

ORTRUDE.

C'est elle!

FRÉDÉRIC.

Elsa!

ELSA.

C'est vous de qui l'haleine
Vers ces bords le guida,
Et sur la mer lointaine
Jusqu'à nous l'amena!

ORTRUDE.

Comme elle va maudire
Le jour *néfaste qui* va luire!

ELSA.

Vous qui séchiez mes larmes
D'un souffle caressant,
Venez doubler les charmes
De mon bonheur naissant.

ORTRUDE.

Allons! pour un moment, va! laisse-moi!

FRÉDÉRIC.

Pourquoi?

ORTRUDE.

Ma proie est là! que l'autre soit à toi!
(*Haut, d'une voix plaintive.*)
Elsa!...

ELSA.

Qui vient? Et quelle voix plaintive
Prononce mon nom dans la nuit?

ORTRUDE.

Elsa, ma voix n'est-elle qu'un vain bruit?
Repousses-tu la fugitive,
Qui par toi seule a tout perdu?

ELSA.

Ortrude! c'est toi : Que veux-tu?
O malheureuse!

ORTRUDE.

Oui, malheureuse!
Ma destinée est trop affreuse!
Vivant tranquille et solitaire
Au sein de la vaste forêt,

Que t'ai-je fait? que t'ai-je fait?
Triste, sans un ami sur terre,
Du sort, misérable jouet,
Que t'ai-je fait? que t'ai-je fait?

ELSA.

Grand Dieu! Toi! m'accuser! pourquoi?
Quels maux t'ai-je causés, dis-moi?

ORTRUDE.

As-tu donc vu d'un œil d'envie
L'hymen par qui je fus unie
A l'homme dédaigné par toi?

ELSA.

O Dieu puissant! que veux-tu dire?

ORTRUDE.

Un jour, s'il put, dans son délire,
Te reprocher un crime affreux,
Son cœur, que le remords déchire,
N'est-il pas assez malheureux?

ELSA.

O juste Dieu!

ORTRUDE.

Tu vis heureuse!
Après l'épreuve douloureuse,
Tu peux, du haut de ta grandeur,
Au loin, m'exilant sans clémence,
Me faire cacher ma douleur,
De peur que ma vive souffrance
N'attriste encore ton bonheur!

ELSA, *très-émue.*

Seigneur! serais-je digne encore
Des biens dont tu comblas mes jours,
Si l'infortune qui m'implore
Demeurait seule et sans secours?
Non, certes, Ortrude, attends-moi,
Moi-même j'accours près de toi.

(*Elsa entre dans le château. Ortrude descend les marches avec une joie féroce.*)

ORTRUDE.

O dieux de haine! ô vous, dieux de vengeance!
Venez frapper d'infâmes attentats,
De vos autels quand je prends la défense,
Domptez l'orgueil de ces vils apostats!
Odin, ma voix t'implore!
Freia! protége-nous encore!
Ah! bénissez, ô justes dieux,
Le piége déjà prêt pour eux.

ELSA, *de l'intérieur.*

Ortrude, où donc es-tu?

(*Elsa et deux servantes qui portent des flambeaux sortent du château.*)

ORTRUDE *se prosternant devant Elsa.*

Là! suppliante!

ELSA *reculant avec effroi.*

Grand Dieu! Quoi! je te vois tremblante,
Toi qui vivais dans la splendeur!
Ah! je comprends ta peine amère
Et je partage ta douleur.
Lève-toi; non, plus de prière,
Car le pardon est prêt pour toi,
Et pour le mal que j'ai pu faire,
De ton côté, pardonne-moi.

ORTRUDE.

Ah! que ton âme est grande et bonne!

ELSA.

J'irai prier mon noble époux,
Et je veux aussi qu'il pardonne
A l'homme tombé sous ses coups!

ORTRUDE.

Mon cœur saura payer sa dette.

ELSA, *de plus en plus calme et confiante.*

Dès l'aube, ici tu reviendras,

Alors, sous tes habits de fête,
Au temple tu suivras mes pas.
Là, mon illustre époux m'attend
(*Avec ravissement.*)
Pour prononcer un doux serment!

ORTRUDE.

A tes bienfaits comment répondre?
Le cœur brisé par tant de maux,
Je ne pourrai que me confondre
Parmi tes plus obscurs vassaux.
(*Se rapprochant d'Elsa.*)
Pourtant un don encor me reste,
Il m'appartient, et pour jamais!
Que mon savoir d'un sort funeste
T'épargne les tardifs regrets.

ELSA, *avec une confiance naïve.*

Qu'entends-je?

ORTRUDE, *vivement.*

Garde-toi, de grâce,
(*Se modérant.*)
De te fier à ton bonheur,
Et du danger qui te menace,
En m'écoutant, connais l'horreur!

ELSA *avec une terreur secrète.*

Achève!

ORTRUDE, *avec mystère.*

Que ton cœur comprenne
Le sort caché de ton époux :
Ce charme étrange qui l'amène
Pourra l'entraîner loin de nous.

ELSA, *s'éloigne avec un mouvement d'effroi. Se rapprochant d' Ortrude avec tristesse et compassion.*

Tu ne pourras jamais connaître
La foi qui règne dans mon cœur;
C'est elle qui remplit mon être
Et donne seule un vrai bonheur.

(*Avec douceur.*)

Viens près de moi, sache comprendre
Ces biens que rien ne peut ravir,
Connais l'amour profond et tendre
Que nul remords ne doit ternir.

ORTRUDE, *à part.*

Ah! cet orgueil me fait comprendre
Par où sa foi pourra faiblir!
Du piége que je vais leur tendre
Rien no pourra les avertir.

(*Ortrude, conduite par Elsa, entre dans le château avec une humilité feinte. Les servantes portent les flambeaux devant elle. Le jour commence à poindre.*)

FRÉDÉRIC, *s'avançant du fond.*

Là le malheur a pénétré !
Triomphe donc, femme, dans cette lutte,
Et, vers le but, va d'un pas assuré!
L'abîme sombre où m'a poussé ma chute
Pour mon rival à son tour va s'ouvrir.
Au fond du cœur je n'ai qu'un seul désir!
L'auteur de ma disgrâce doit périr!

SCÈNE III

FRÉDÉRIC, NOBLES, BOURGEOIS, *puis le* HÉRAUT.

(*Le jour se lève. Deux gardiens de la tour sonnent le réveil. On leur répond d'une tour plus éloignée. Frédéric, en voyant la foule qui s'avance, se cache derrière un mur, près du château. Pendant que les gardiens de la tour descendent et ouvrent les portes, des serviteurs entrent, de différents côtés et se livrent à leurs travaux. Ils remplissent à une fontaine des vases de métal et les portent dans le palais. Les portes du palais s'ouvrent. Quatre trompettes sortent et sonnent l'appel du roi. Les trompettes se retirent dans le palais; les serviteurs ont quitté la scène.*

Un grand nombre de nobles et de bourgeois arrivent par la cour et par la porte de la tour.)

CHOEUR.

L'appel résonne matinal !
Pour nous c'est un joyeux signal :
Celui qui s'est montré si grand
Toujours doit être triomphant!

Le héraut d'armes sort du palais avec les quatre trompettes. Tout le monde se tourne vers eux avec animation et curiosité.)

LE HÉRAUT, *à la porte du palais.*

Sachez quelle est du roi la volonté!
Que son arrêt par vous soit respecté.
Il a banni Frédéric de l'Empire,
Car au combat il a trahi sa foi.
Si quelque traître à le servir conspire,
Du même sort il doit subir la loi !

LE CHOEUR.

Malheur au misérable!
C'est Dieu qui l'a proscrit!
Que le remords l'accable,
Qu'il soit maudit.

(A l'appel des trompettes, l'attention se reporte de nouveau sur le héraut.)

LE HÉRAUT.

De plus, le roi vous fait savoir à tous
Que l'étranger, par Dieu guidé vers nous,
Auquel Elsa pour femme ici se donne,
Aura pour dot le trône et la couronne.
Pourtant de duc il refuse le rang ;
Qu'il soit nommé protecteur du Brabant.

LE CHOEUR.

Gloire au vaillant mortel,

A l'homme aimé du ciel!
Qu'il vive heureux et grand,
Le maître du Brabant.

LE HÉRAUT.

Soyez par nous, instruits de son dessein :
'est dans ce jour qu'un noble hymen l'engage,
Tous, venez donc en armes dès demain
Pour faire escorte à notre souverain.
Du doux repos ne goutant plus les charmes,
C'est au combat qu'il guidera vos armes.

TOUS, *avec enthousiasme.*

Aux armes, sans retard! Il conduira nos pas!
Nous connaîtrons par lui la gloire des combats;
C'est Dieu qui l'a choisi, le ciel guide son bras!
Marchons, marchons, suivons ses pas!

(*Quatre nobles entre eux.*)

PREMIER NOBLE.

Voyez! au loin, il faut combattre encore...

DEUXIÈME NOBLE.

Un ennemi qui nous laissait en paix!

TROISIÈME NOBLE.

L'orgueil l'aveugle et déjà le dévore.

QUATRIÈME NOBLE.

Qui lui pourra résister désormais?

(*Frédéric se glisse devant eux.*)

FRÉDÉRIC, *découvrant son visage.*

Moi!

LES QUATRE NOBLES, *reculant.*

Frédéric! Que vois-je! Ah! Va, fuis pour jamais!
Viens-tu braver l'outrage des valets?

FRÉDÉRIC.

Sachez de quel espoir mon cœur se flatte!
Enfin, pour tous que la lumière éclate.
Celui qui veut vous courber sous sa loi
En imposteur sera traité par moi!

LES QUATRE NOBLES.

Infâme !
Qu'espères-tu ? Va-t'en, crains le courroux du ciel !
Laisse-nous. Qui pourrait répondre à ton appel ?

(*Ils poussent Frédéric à l'écart et le cachent au milieu d'eux pour le soustraire aux regards du peuple. La foule se rapproche de l'avant-scène. Quatre pages entrent par la porte de la Kemenate sur la terrasse, et descendent vers le palais.*)

LES QUATRE PAGES.

Rangez-vous ! Rangez-vous ! C'est Elsa, notre dame,
Qui va prier le Dieu du ciel !

(*Les pages ouvrent un passage au milieu de la foule qui s'écarte avec empressement. Ils font évacuer les degrés de l'église, où ils vont se placer ensuite Quatre autres pages sortent, d'un pas mesuré et d'un air solennel, de la Kemenate, et s'arrêtent sur le balcon, attendant le cortége des femmes pour le conduire.*)

SCÈNE IV.

LES MÊMES, ELSA, ORTRUDE, DAMES DE LA SUITE D'ELSA.

(*Une longue file de femmes richement vêtues sort de la Kemenate et passe sur la terrasse. Elle descend vers le palais, puis se dirige sur le devant de la scène pour se rendre à l'église. Elsa paraît, les nobles se découvrent avec respect.*)

CHŒUR, *Nobles et Bourgeois brabançons.*

Pour toi que l'allégresse
Succède à tant de maux,
Que Dieu daigne sans cesse
Veiller sur ton repos !

(*Les nobles qui, involontairement, se sont placés sur le passage, reculent devant les pages qui sont à la tête du cortége et leur font place. Elsa est sur la plate-forme du palais. La haie est formée; tout le monde peut voir Elsa qui s'arrête un moment.)*

Voyez! ainsi qu'un ange,
Vers nous elle descend;
Qu'on chante sa louange,
C'est l'ange du Brabant.

(Elsa passe lentement sur le devant de la scène au milieu des hommes. Les pages et les femmes se rangent sur l'escalier de l'église, faisant place de façon à laisser passer Elsa. Au moment où elle va mettre le pied sur la première marche de l'église, Ortrude, qui marchait isolée au milieu du cortége, s'avance d'un air furieux et se place devant Elsa qu'elle fait reculer.)

ORTRUDE.

Arrière, Elsa! comme une humble servante,
Je ne veux pas te suivre plus longtemps.
Incline-toi, timide et suppliante.
C'est là ma place, enfin, je la reprends!

TOUS.

Qu'a-t-elle dit?

ELSA, *saisie de frayeur.*

Grand Dieu! quel jour d'effroi!
Quel changement soudain s'opère en toi!

ORTRUDE.

Si j'oubliai mon rang et ma naissance,
Crois-tu donc qu'à tes pieds je ramperai longtemps?
A ma défaite il faut une vengeance!

(Avec énergie.)

Ma place est là, sans peur je la reprends!

(Étonnement et mouvement général.)

ELSA.

Quoi! tes détours, hélas! m'ont pu surprendre
Quand tu pleurais près de moi cette nuit?
Au premier rang tu veux encor prétendre!
Toi dont l'époux fut par le ciel maudit.

ORTRUDE, *avec assurance et orgueil.*

Quand il subit une injuste sentence,
Dans son pays son nom était vanté.
De sa vertu l'éclat était immense,
Partout on vit son glaive redouté.
Mais parle! dis, qui ton époux peut être?
Toi-même, Elsa, tu ne peux le connaître!

LES FEMMES *et* LES PAGES.

Qu'entends-je? Quoi! parler ainsi!
Silence! femme, loin d'ici!

ORTRUDE.

Peux-tu m'apprendre et pourrais-tu nous dire
Quel est son nom et quels sont ses aïeux?
De quel pays les flots l'ont pu conduire,
Et pour quels bords il quittera ces lieux?

(*Avec énergie.*)

Bien loin d'oser nous en instruire,
Il s'interdit d'avance ces aveux.

LE CHŒUR.

Dit-elle vrai? soupçons affreux!
Quelle imposture!

ELSA, *se remettant.*

Cœur perfide, femme sans foi!
Ah! pour ta honte écoute-moi!
De mon époux l'âme est si pure,
Que rien n'égale sa grandeur.
Pour lui le doute est une injure
Que je payerais de mon bonheur.

TOUS.

C'est bien! c'est bien!

ELSA.

Dieu seul jugea par la victoire
Entre mon maître et ton époux.

(*Au peuple.*)

Auquel des deux faudra-t-il croire?
Par votre arrêt déclarez-vous!

TOUS.

C'est lui, c'est lui, c'est ton époux.

ORTRUDE, *à Elsa, avec dérision.*

Ah! de sa gloire sainte et pure
Comme on verrait l'éclat terni
S'il devait dire la nature
Du pouvoir dont il est muni!

(*Avec insistance.*)

Si tu refuses de l'apprendre,
Chacun ici verra bientôt,
Combien tu trembles de comprendre
Que sa vertu n'est qu'un vain mot..

(*On ouvre le palais. Les quatre trompettes du roi se tiennent en dehors et sonnent.*)

LES FEMMES, *soutenant Elsa.*

O femme impie, arrête-toi!

LES HOMMES, *au fond.*

Place! place! voici le roi!

SCÈNE V

LES MÊMES, LE ROI, LOHENGRIN.

Le Roi, Lohengrin et les nobles Saxons sortent du palais; ils sont vêtus d'habits magnifiques. Le Roi et Lohengrin se mêlent aux groupes qui occupent le devant de la scène.)

LES BRABANÇONS.

Salut! ô prince! gloire à toi!

LE ROI.

Quel est ce bruit?

ELSA, *se jetant dans les bras de Lohengrin.*

Seigneur! ô mon seul maître,

LOHENGRIN,

Eh bien?

LE ROI.

Quel trouble a donc pu naître
Au seuil du temple!...

LES SAXONS.

Quel émoi ?...
Qui te menace ?

LOHENGRIN, *apercevant Ortrude.*

Que vois-je ? cette femme auprès de toi !

ELSA.

De grâce...
Ah ! contre elle sois mon appui,
Tu fus par moi mal obéi !
J'ai vu ses pleurs, j'ai vu sa peine amère,
Par la pitié mon cœur fut combattu.
Tu vois le prix de ma bonté sincère,
Mon crime, c'est ma foi dans ta vertu.

LOHENGRIN, *jetant sur Ortrude un regard qui la fait reculer.*

Je brave ta puissance, éloigne-toi,
Tu ne vaincras jamais.
(*Se tournant avec affection vers Elsa.*)
Elsa, dis-moi,
A-t-elle pu t'inspirer des alarmes ?
(*Elsa cache son visage dans le sein de Lohengrin.*)
Viens et laisse couler tes larmes !

FRÉDÉRIC, *s'élance des degrés de l'église. Les pages et les femmes reculent à sa vue.*

O prince !... Et vous que l'on trompe, arrêtez.

LE ROI.

Quelle audace !...

TOUS LES HOMMES.

Perfide ! fais-nous place !

FRÉDÉRIC.

Tous écoutez !...

LE ROI ET TOUS LES HOMMES.

Va-t'en ! ou bien tu vas périr !

FRÉDÉRIC.

Non ! non ! mon sort je ne puis le subir !
Le jugement fut profané par ruse ;
D'un enchanteur l'adresse vous abuse !

LE ROI,

Mort à l'infâme!

LES NOBLES, *s'élançant sur Frédéric.*

A mort! tu vas périr.

FRÉDÉRIC, *avec l'énergie du désespoir, il s'adresse à Lohengrin, sans s'occuper de ceux qui l'entourent.*

Quand ta puissance est tout entière
Moi je te déclare imposteur!
(Ceux qui entouraient Frédéric s'arrêtent et écoutent.
Que Dieu comme un flot de poussière
Dissipe ton pouvoir menteur!
Pas un n'a démasqué le traître
Par qui l'honneur me fut ravi,
En lui disant : fais-toi connaître!
Lorsqu'au combat il m'a suivi!
Mais, moi, je lui demande en face
Dussé-je vous combattre tous!
(D'un ton impérieux.)
Son nom! son rang! sa race!
Qu'il les déclare devant vous!
(Émotion et agitation générale.)
Cet homme qui donc peut-il être?
Vers nous un cygne l'a conduit...
Ce charme ne fait-il pas naître
Le doute au fond de votre esprit!
Et maintenant qu'il me réponde,
Qu'il parle! chacun l'entendra,
Sinon dans une erreur profonde
Ici le traître vous plongea.

(Tout le monde considère Lohengrin avec anxiété.)

LOHENGRIN.

A toi, la honte de ta race.
Répondre est faire trop d'honneur.
D'un traître méprisant l'audace,
Le juste reste sans frayeur.

FRÉDÉRIC.

Auprès de moi s'il doit se taire
Ah! je t'implore! ô noble roi!
L'entier aveu de ce mystère
Peut-il le refuser à toi?

LOHENGRIN.

Oui! même au roi je le refuse,
Oui! même à vous, ô nobles preux!
C'est vainement que l'on m'accuse,
J'ai fait mes preuves sous vos yeux.
C'est elle seule à qui je dois répondre encore.

(*Lohengrin se tourne vers Elsa et s'arrête en la voyant troublée, en proie à un combat intérieur.*)

Elsa! quel trouble la dévore?...

ENSEMBLE

LE ROI ET LES NOBLES.

Oui! le héros sans crainte peut se taire;
Que ce secret demeure dans son cœur.
Chacun de nous respecte ce mystère,
Il a prouvé ses droits par sa valeur.

ORTRUDE ET FRÉDÉRIC.

Je vois son trouble et sa douleur amère;
Enfin le doute a pénétré son cœur.
Pour l'étranger qui nous bravait naguère,
Oui! c'en est fait, c'est l'heure du malheur!

LOHENGRIN.

Je vois son trouble et sa douleur amère,
Et le mensonge a pu troubler son cœur.
Ah! juste Dieu! que ta grâce l'éclaire!
Du triste doute écarte le malheur!

ELSA, *les yeux baissés.*

Si le secret qu'il veut toujours leur taire
Doit l'exposer à quelque affreux malheur,
Que sur ma tête éclate le tonnerre!
Le doute affreux pénètre dans mon cœur!

LE ROI.

Au traître, toi, si grand, réponds sans crainte!
De tout soupçon tu peux braver l'atteinte!
(*Les nobles Saxons et Brabançons se rangent autour de Lohengrin.*)
Sans hésiter nous prendrons ta défense,
Noble héros, tu dois compter sur nous!
Tends-nous la main! nous proclamons d'avance
Ton nom, ton rang, illustre parmi nous.

LOHENGRIN.

En moi, sans crainte, ayez donc confiance,
Mon nom dût-il rester caché pour vous!
(*Les hommes se pressent autour de Lohengrin et lui serrent les mains.*)

FRÉDÉRIC, *bas à Elsa, avec mystère.*

Écoute donc, si tu veux tout apprendre
Sache par quel moyen!...

ELSA, *effrayée, sans élever la voix.*

Non, non! jamais!

FRÉDÉRIC.

Que près de toi je puisse le surprendre,
Sans nul danger pour lui, je le promets,
Tu connaîtras soudain tous ses secrets,
Ne crains plus qu'il te quitte
Il t'appartient!

ELSA.

Ah! non jamais!

FRÉDÉRIC.

La nuit viendra bien vite,
Un mot, un seul et tout est résolu.

LOHENGRIN, *s'avançant vivement sur le devant de la scène.*

Elsa! qui donc écoutes-tu?
(*Avec énergie à Frédéric et Ortrude.*)
Va-t'en, couple rebelle
Tous deux fuyez loin d'elle
Et pour jamais partez!

(*Frédéric fait un geste de rage. Lohengrin s'approche d'Elsa, qui avec douleur se laisse tomber à ses pieds.*)

Elsa, relève-toi !
C'est dans ta main, c'est dans ta foi,
Que mon Bonheur réside !
Le doute a-t-il troublé ton cœur?
Parle; veux-tu m'interroger?

ELSA, *avec confusion, en proie à une agitation intérieure.*

Mon guide !
Mon héros, mon sauveur !
A toi je me dois toute entière;
Rien ne peut affaiblir l'ardeur
De mon amour sincère.

(*Elle tombe dans les bras de Lohengrin.*)

LOHENGRIN.

Elsa ! viens ! entrons au saint lieu !

LE CHOEUR.

Oui ! oui ! c'est l'envoyé de Dieu !
A toi gloire ! Elsa de Brabant :
A ton héros unie,
Sois par le ciel bénie,
Gloire à toi ! reine de Brabant !

(*Lohengrin, suivi de pages, conduit solennellement Elsa près du roi. Ils montent lentement avec le roi les marches de l'église. Le roi est monté avec les fiancés au haut du parvis. De là, Elsa, qui se tient avec émotion auprès de Lohengrin aperçoit Ortrude qui fait un geste de menace. Elsa se serre avec effroi contre Lohengrin. Ils franchissent avec le roi le seuil de l'église.*)

Le rideau tombe.

FIN DU DEUXIÈME ACTE.

ACTE TROISIÈME

La chambre nuptiale. A droite un balcon, avec les fenêtres ouvertes.

SCÈNE PREMIÈRE

LE ROI, ELSA, LOHENGRIN.

Musique sur le théâtre. Le chant se rapproche. On ouvre les portes. Par les portes de droite entrent les femmes qui conduisent Elsa; par la gauche; le roi avec les guerriers, conduisant Lohengrin. Des pages avec des flambeaux marchent devant le cortége.

CHŒUR.

Entrez en paix dans ce séjour
Tout vous présage
Le plus tendre amour.
Noble valeur,
Fidèle ardeur,
Seront le gage
De votre bonheur.
Force et sagesse,
Venez ici!
Beauté, jeunesse,
Venez aussi!
Qu'au seuil s'arrête
Tout bruît de fête;
De la tendresse
Goûtez l'ivresse.
Dans ce séjour,
Paré par l'amour,
Qu'une ombre épaisse
Ecarte le jour!
Restez tous deux dans ce séjour,
Tout vous présage
Le plus tendre amour.

Noble valeur,
Fidèle ardeur,
Seront le gage
De votre bonheur.

(Au moment où les deux cortéges se rencontrent au milieu de la scène, Elsa est présentée par les femmes à Lohengrin. Ils s'embrassent et restent au milieu de la scène. Huit femmes tournent solennellement autour des fiancés, pendant que les pages prennent l'épée de Lohengrin.)

LES HUIT FEMMES, *en marchant.*

Ainsi que Dieu lui-même,
A nous de vous bénir!
De cet instant suprême
Gardez le souvenir.

(Le roi embrasse Lohengrin et Elsa. Les pages donnent le signal du départ. Le cortége se remet en marche. Le roi et les hommes sortent par la droite et les dames par la gauche.)

LES HOMMES *et* LES FEMMES.

Restez tous deux dans ce séjour,
Tout vous présage
Le plus tendre amour.
Noble valeur,
Fidèle ardeur
Seront le gage
De votre bonheur.

(Le cortege a quitté la scène, les pages ferment les portes derrière eux. Elsa, comme accablée par l'excès du bonheur, tombe dans les bras de Lohengrin. Il la conduit doucement vers le lit de repos où ils s'asseoient entrelacés.)

SCÈNE II

LOHENGRIN, ELSA.

LOHENGRIN.

Déjà se perd leur voix,

Nous sommes seuls pour la première fois,
Seuls tous les deux, loin du monde,
Et rien ne peut, je crois,
Troubler l'élan de notre ardeur profonde!
Cher ange... Elsa! seul charme de mon cœur!
Peux-tu goûter enfin le vrai bonheur!

ELSA.

Ah! le bonheur! Ce mot peut-il suffire
Pour exprimer l'extase des élus!
Lorsque mon cœur subit le doux empire
Des purs transports aux mortels inconnus!

LOHENGRIN, *avec passion.*

S'il n'est plus rien que ton âme désire,
Ah! je ressens l'extase des élus!

(*Avec tendresse.*)

Comme le tien, mon cœur aussi respire
Ces doux transports aux mortels inconnus.
Oui, notre flamme est d'une pure essence :
Nous nous aimions sans nous connaître encor!
Lorsque tu m'as choisi pour ta défense,
Vers toi, mon cœur, soudain a pris l'essor!
Un seul regard m'a dit ton innocence,
Et de ton cœur me montra le trésor!

ELSA.

Mais moi, pourtant, je t'avais vu d'avance,
Tu vins vers moi, dans un rêve enchanté!
Quand tu parus plus tard en ma présence,
J'ai reconnu de Dieu la volonté!
J'aurais voulu, naïve rêverie!
Comme un ruisseau mollement t'enlacer,
Comme la fleur embaumant la prairie,
J'aurais voulu sous tes pas m'abaisser!
Est-ce l'amour? dis! Ce charme adorable
Et que nul mot ne saurait exprimer!
Comme ton nom n'est-il pas ineffable!
Ton nom qu'hélas! je ne puis proclamer!

.L

LOHENGRIN, *avec tendresse.*

Elsa!

ELSA.

Combien mon nom semble doux dans ta bouche!
(Hésitant un peu.)
Le son du tien ne l'entendrai-je pas?
Seuls tous les deux au bord de cette couche,
Ne puis-je au moins le murmurer tout bas?

LOHENGRIN.

Cher ange aimé!

ELSA.

Permets que dans tes bras
Je puisse au moins le murmurer tout bas.

LOHENGRIN, *embrassant Elsa avec tendresse et s'approchant de la fenêtre, lui montre le jardin en fleurs,*

Viens respirer ces senteurs enivrantes
Remplissant l'air de leur parfum subtil.
Mon cœur se livre à leurs saveurs naissantes
Sans demander : ce charme quel est-il?
Un charme égal a transporté mon être
Quand je te vis pour la première fois,
Et, sans chercher alors à te connaître,
Un seul regard a su fixer mon choix!
Comme les doux parfums de la nature
Charment nos sens dans l'ombre de la nuit.
Le noble éclat de ta vertu si pure,
Quand on voulait te perdre, m'a séduit.

ELSA, *cachant son trouble et se rapprochant de Lohengrin d'un air soumis.*

Ah! si de toi j'étais plus digne
Et, te prouvant quelle est ma foi,
Par un service immense, insigne,
Si je pouvais souffrir pour toi!...
De même que tu m'as sauvée,
Puissé-je aussi sauver tes jours!
La mort serait par moi bravée
Pour détourner de toi son cours.

Mais ce secret est donc terrible,
Pour le cacher au monde entier?
(*Avec plus de mystère.*)
J'ai peur, dissipe un doute horrible!
Ne peux-tu-donc le publier?
Permets alors que je le sache,
Et qu'observant toujours ta loi,
Plutôt que l'on ne me l'arrache,
Je brave le trépas pour toi!

LOHENGRIN.

Chère âme!

ELSA, *avec une animation croissante.*

Ah! prouve enfin ta confiance,
Dans cet amour que j'ai juré!
Ne garde plus ce froid silence,
Que ton secret ne soit livré!

LOHENGRIN.

Tais-toi de grâce!

ELSA, *toujours avec plus d'insistance.*

De ma plainte
Que ton cœur soit enfin touché!
D'où donc viens-tu? Parle sans crainte!
Pour tous ton sort sera caché.

LOHENGRIN, *d'un ton sévère et reculant d'un pas.*

Ma confiance en toi s'est bien montrée
Puisque j'ai cru sans peine à ton serment;
Garde toujours, Elsa, la foi jurée
Ne te parjure pas! Dieu nous entend.
(*Il attire doucement Elsa vers lui.*)
Viens sur mon sein, toi qui m'es chère,
Que je te presse sur mon cœur!
De tes regards que la lumiere
Reflète encore mon bonheur.
Ah! laisse mon âme ravie
De ton haleine s'enivrer,
A ces délices de la vie

Sachons sans crainte nous livrer!
L'amour sera le prix, j'espère,
Des biens que j'ai quittés pour toi.
Il n'est aucun mortel sur terre
Qui puisse s'égaler à moi!
Si l'on m'offrait une couronne,
Je dirais non, sans nul regret,
Le prix de ce que j'abandonne,
C'est ton amour, mon seul souhait!
Chasse le doute et sois heureuse;
L'amour doit rassurer nos cœurs.
Ma route n'est pas ténébreuse,
Je viens du monde des splendeurs.

ELSA.

Grand Dieu! crainte soudaine!
Hélas! ce que j'entends,
Loin de calmer ma peine,
Redouble mes tourments!
Ce monde de lumière
Qu'il t'a fallu quitter,
Peut-être sur la terre
Vas-tu le regretter!
Pour t'enchaîner sans cesse,
C'est peu de mon amour!
Lassé de ma tendresse
Tu partiras un jour!

LOHENGRIN.

Arrête! Quoi! Tu pleures?

ELSA.

Ah! pour moi plus d'espoir,
Dois-je compter les heures
Où je pourrai te voir!
De mes maux accablée,
Mes jours vont se flétrir,
Puis seule et désolée
Je te verrai partir!

LOHENGRIN.

Sois confiante ! espère !
Compte sur de beaux jours !

ELSA.

Ah ! que pourrais-je faire,
Pour t'enchaîner toujours !
Un charme te protége,
Tout est prodige en toi !
Qui me dira le piége ?
Qui me rendra la foi ?

(Elle s'arrête dans l'agitation la plus vive et prête l'oreille comme si elle entendait quelque bruit,)

N'entends-tu pas ?... Ici quelqu'un t'appelle ?

LOHENGRIN.

Elsa !

ELSA, *les yeux fixes.*

Non, rien ! mais là ! c'est lui ! là-bas !
Le cygne blanc ramène la nacelle,
Pour t'emmener, dis-moi, ne vient-il pas ?

LOHENGRIN.

Elsa, tais-toi, repose sur mon bras !

ELSA.

Par une ardente envie
Mon cœur est combattu.
Fût-ce au prix de ma vie,
Parle ! qui donc es-tu ?

LOHENGRIN.

Elsa ! qu'oses-tu faire ?

ELSA.

Sois indulgent et bon !
Ah ! pourquoi donc te taire ?
Dis-moi quel est ton nom ?

LOHENGRIN.

Tais-toi !

ELSA.

D'ou donc viens-tu ?

LOHENGRIN.

Malheur!

ELSA.

Quel est ton être?

LOHENGRIN.

Elsa! qu'as-tu fait!...

SCÈNE III

LES MÊMES, FRÉDÉRIC, ET QUATRE DE SES VASSAUX.

Frédéri et quatre de ses vassaux pénètrent l'épée nue par l'une des portes du fond. Elsa, qui les aperçoit, saisit l'épée déposée sur le lit de repos et la présente rapidement à Lohengrin.)

ELSA, *présentant l'épée à Lohengrin de façon qu'il puisse la tirer du fourreau.*

Dieu! ce fer! Ah! défends-toi!

Lohengrin atteint Frédéric et l'étend mort du premier coup. Les vassaux de Frédéric jettent leurs armes et se mettent à genoux devant Lohengrin. Elsa, qui s'est précipitée devant Lohengrin, glisse lentement évanouie à ses pieds. Long silence.)

LOHENGRIN, *vivement ému, reste debout.*

Ah! le bonheur pour nous n'est plus!

(Il se baisse vers Elsa, la relève lentement et l'appuie sur le lit de repos.)

ELSA, *rouvrant lentement les yeux.*

Pitié pour moi!

(Sur un signe de Lohengrin les quatre vassaux se lèvent.)

LOHENGRIN.

Portez le traître
Au tribunal du roi!

(Les quatre vassaux enlèvent le corps de Frédéric et l'emportent par la porte de droite.)

LOHENGRIN, *frappe sur un timbre; deux femmes paraissent; avec émotion et calme :*

Auprès du roi pour la conduire,
Parez Elsa de blancs habits.
Là, devant tous je veux lui dire
Quel est mon nom et qui je suis.

(*Il sort lentement et d'un air triste. Les femmes emmènent Elsa qui peut à peine se soutenir. Le jour est venu peu à peu. Les flambeaux s'épuisent.*)

CHANGEMENT.

(*Le théâtre représente, comme au premier acte, une prairie sur les bords de l'Escaut. L'aurore brille, puis vient le grand jour.*)

SCÈNE IV

LE ROI, ET NOBLES SAXONS. *Comtes brabançons et leur suite, puis les quatre vassaux de Frédéric apportant son corps.*

(*Un comte arrive suivi de ses vassaux. Deux pages portent son bouclier et sa lance. Il plante sa bannière devant le château. Les siens se rangent autour de cette bannière. Un deuxième comte arrive comme le premier. On entend le bruit des trompettes qui annoncent l'arrivée d'un troisième, qui bientôt arrive avec sa suite. Les nouveaux venus se rangent sous sa bannière. Les comtes et les chevaliers confondent leurs rangs, en examinant leurs armes et les appréciant. Un quatrième comte vient avec sa suite et s'arrête au milieu du théâtre. Quand les trompettes du roi retentissent, tous les guerriers se rangent sous leurs bannières. Le Roi paraît suivi des seigneurs saxons.*)

TOUS LES HOMMES, *frappant sur leurs boucliers au moment où le roi se place sous le chêne.*

Honneur et gloire au roi puissant.

LE ROI.

Merci, cher peuple de Brabant,
Ah! quel orgueil mon cœur éprouve,
Quand sur mes pas, partout je trouve
Un peuple fort au bras vaillant!
Si l'ennemi vers nous s'avance
Prêts au combat nous voilà tous.
Mais des déserts de l'Est, je pense
Qu'il n'osera marcher vers nous!
Gardons le sol qui nous vit naître,
Et cet empire est éternel!

TOUS.

Gardons le sol qui nous vit naître,
Et cet empire est éternel!

LE ROI.

Je ne vois pas encor paraître
Le noble chef aimé du ciel.

(Un tumulte mêlé d'horreur s'élève; les quatre vassaux apportent sur une civière le corps de Frédéric couvert d'un voile. Ils le déposent au milieu de la scène.)

TOUS.

Que veulent-ils? et quel mystère!
Du comte ce sont les vassaux.

LE ROI.

Qui donc est là? Que vient-on faire?
Je crains quelques malheurs nouveaux!

LES QUATRE VASSAUX.

C'est du héros l'ordre sévère.
Il vous dira ce qu'il a fait.

SCÈNE V

LES MÊMES, ELSA, *accompagnée d'un nombreux cortége de femmes.*

TOUS.

Ah! c'est Elsa! c'est la plus belle.
D'où vient cette pâleur mortelle?

(*Le roi va au-devant d'Elsa qui s'avance lentement, et la conduit à un siége élevé en face de lui; puis il reprend sa place sous le chêne.*)

LE ROI.

Sur ton front pur quel deuil paraît?
D'un prompt départ c'est le regret.
(*Elsa n'ose le regarder.*)
(*Un grand tumulte s'élève au fond.*)

TOUS.

C'est lui! le héros du Brabant!
Gloire à notre chef vaillant!

Lohengrin, armé comme au premier acte, paraît seul et s'avance lentement.)

SCÈNE VI

LES MÊMES, LOHENGRIN.

LE ROI.

Sois notre guide dans la guerre,
Tous nos vassaux sont déjà prêts!
Et, s'élançant sous ta bannière,
Sont sûrs d'avance du succès.

LOHENGRIN.

A toi, grand prince, je viens dire
Que je ne pourrai plus conduire
Ces nobles comtes aux combats.

LE ROI *et* TOUS, *le regardant avec étonnement.*

Grand Dieu! qu'annonce-t-il, hélas!

LOHENGRIN.

Sachez quel est le dessein qui m'anime,
J'accuse! mais ma plainte est légitime.
(*Il découvre le corps de Frédéric. Tous se détournent avec horreur.*)
La peine doit frapper un double crime.
J'attends de vous un juste arrêt.

Cet homme vint la nuit comme un sicaire.
En l'immolant ai-je bien fait?

LE ROI *et* TOUS LES HOMMES.

Comme tu l'as frappé sur terre,
Que Dieu le frappe en sa colère!

LOHENGRIN.

Il reste encore une autre plainte à faire :
Devant vous tous, guerriers vaillants ;
J'accuse ici celle qui me fut chère
D'avoir trahi ses vains serments.

TOUS.

Elle! manquer à ses serments!

LE ROI.

Croirai-je encor ce que j'entends!

LOHENGRIN, *d'un ton sévère.*

Vous avez tous entendu sa promesse
De ne jamais demander qui je suis?
Mais d'un esprit perfide et plein d'adresse
Elle écouta les dangereux avis!
Puisque du doute elle a subi l'empire,
Je ne dois plus me taire maintenant.
A l'ennemi je n'ai rien daigné dire,
Mais vous, sachez quel est mon nom, mon rang!
Comprenez donc si je crains la lumière
Devant le monde entier, devant le roi,
Loyalement je dirai ce mystère!

(*Fièrement.*)

Qui donc est parmi vous plus grand que moi?

TOUS.

Que va-t-il dire? et quel est ce mystère?
Ah! s'il est en danger que n'a-t-il pu se taire!

LOHENGRIN.

Il est au loin un monde inaccessible,
Un lieu sacré qu'on nomme Monsalvat.

Et là s'élève un temple indestructible,
Sur terre rien n'égale son éclat !
Comme le Saint des Saints, avec mystère
Un vase auguste est gardé dans ses murs.
Il fut remis par les anges sur terre
Aux soins pieux des hommes les plus purs.
Une Colombe en traversant l'espace
Vient tous les ans raviver sa splendeur.
C'est le saint Grâal ! de la divine grâce
Ses chevaliers en lui puisent l'ardeur.
De le servir quiconque obtient la gloire
Est revêtu d'un pouvoir surhumain,
Et des méchants, certain de la victoire,
Il tient le sort dans sa puissante main.
Dût-il partir vers une autre contrée,
Pour protéger le droit et la vertu,
Son pouvoir dure et sa force est sacrée
Tant que de tous son titre est inconnu.
Mais ce sublime et merveilleux mystère
A l'œil de nul mortel ne doit s'offrir,
Chacun de nous subit la loi sévère.
S'il est connu soudain il doit partir !
Eh bien ! ce voile épais je l'abandonne !
Du saint Grâal, j'ai dû suivre la loi !
Mon père, Parcival, tient sa couronne !
Et Lohengrin, son chevalier, c'est moi.

TOUS.

Rien de son rang n'égale la noblesse !
Je sens couler des larmes d'allégresse !

ELSA, *anéantie.*

Le sol me manque ! quel effroi !
De l'air ! Ah ! quel poids m'oppresse !

(*Elsa est près de tomber. Lohengrin la prend entre ses bras.*)

LOHENGRIN.

Ah ! parle ! parle ; Elsa ! qu'as-tu donc fait ?

Pour la première fois quand je t'ai vue,
Un pur amour charma mon âme émue.
Soudain un sort nouveau se révélait!
Ce saint pouvoir dont Dieu fit mon partage,
La force qu'un mystère me donnait,
A te servir j'en consacrais l'usage.
Pourquoi m'avoir arraché mes secrets ?
Il faut, hélas ! nous quitter pour jamais !

ELSA, *au comble du désespoir.*

Mon époux! Toi! partir, c'est impossible!
Ah! reste et vois mes larmes, mon tourment!

LOHENGRIN.

Je pars! je pars, car on m'attend.

ELSA.

A mes remords ton cœur sera sensible,
A tes genoux j'attends mon châtiment!
O toi! dont l'âme est divine et sublime,
Ainsi que Dieu montre-toi donc clément!
Je veux souffrir pour expier mon crime.
Ah! laisse-moi souffrir en t'adorant.

TOUS.

Ah! reste auprès de nous, ah! reste!...
Toi dont le ciel arma le bras,
Privés de la faveur céleste,
Qui donc pourrait guider nos pas!

LOHENGRIN.

Je pars, tel est l'arrêt céleste,
Le saint Graal va me trouver trop lent;
Je me punis moi-même en te quittant!

(*Elsa tombe en jetant un cri.*)

LE ROI, *et tous entourant Lohengrin.*

Ah! reste dans ce vaste empire,
Il faut un chef pour nous conduire!

LOHENGRIN.

Non, prince, non! le saint Grâal me rappelle!
Il est mon maître, à tous je vous l'ai dit!

A ses décrets je dois rester fidèle,
Ou mon pouvoir, soudain, serait détruit.
Mais, ô grand prince! apprends les destinées
Qu'à tes vertus d'avance je promets!
De l'Occident les hordes déchaînées,
Sur notre sol n'entreront plus jamais.

(*Vive agitation.*)

UNE PARTIE DES HOMMES *au fond du théâtre.*

Le cygne! il vient! voyez, le cygne approche.

(*On aperçoit le cygne qui amène la nacelle. Elsa sortant de son évanouissement se lève et tourne ses regards vers le fleuve.*)

ELSA.

Le cygne! ô douleur! ô regrets!
(*Elle reste longtemps immobile.*)

LOHENGRIN.

Pour mes lenteurs déjà c'est un reproche.

(*Au milieu de l'émotion générale, Lohengrin s'approche du rivage et contemple le cygne avec tristesse.*)

Mon cygne aimé, combien, hélas! j'aurais voulu
T'épargner ce dernier voyage!
Au bout d'un an serait venu
Le terme de ton esclavage;
Libre, chacun devait te voir!

(*Il se tourne avec émotion du côté d'Elsa.*)

Elsa, pendant un an ma seule envie,
Fut d'être ici témoin de ton bonheur :
On aurait vu renaître à cette vie
Ce frère aimé, l'objet de ta douleur.

(*Donnant à Elsa son cor, son épée et son anneau.*)

Donne-lui donc, si Dieu veut qu'il paraisse,
Le cor, le fer, l'anneau que je te laisse.
Ce cor le peut sauver dans la détresse;

Ce fer rendra partout son bras vainqueur.
Que cet anneau lui rappelle sans cesse
Celui qui vint t'arracher au malheur.

(*Il s'approche d'Elsa et l'embrasse au front.*)

Adieu ! doux charme de mon cœur ;
Adieu ! le Grâal déjà m'appelle.
Adieu !

(*Il va rapidement vers le rivage.*)

TOUS.

Ciel ! reste-nous fidèle ;
Ah ! pour nous tous cruel malheur !

(*Ortrude paraît.*)

SCÈNE VII

LES MÊMES, ORTRUDE.

ORTRUDE, *s'avançant sur le devant du théâtre.*

Va donc ! va donc ! âme orgueilleuse,
Qu'à tous je dise enfin, joyeuse,
Qui te conduit dans ce moment !
Oui, c'est bien grâce à cette chaîne
Qu'en cygne je changeai l'enfant.
C'est là le prince de Brabant !

(*A Elsa.*)

C'est grâce à toi qu'il le ramène,
Et tous deux bientôt auront fui !
S'il fût resté, j'en suis certaine,
Ton frère était sauvé par lui !

TOUS, *avec la plus vive indignation.*

O femme horrible en ta démence
De quel forfait te vantes-tu ?

ORTRUDE.

Voilà de nos dieux la vengeance !
Leur culte saint fut méconnu !

(*Elle reste immobile, regardant Elsa avec une joie sauvage.*)

(Lohengrin, prêt à monter dans la nacelle, s'est arrêté écoutant Ortrude. Il se met à genoux et prie, tous les regards sont tournés vers lui. On voit la blanche colombe du Grâal, planer au-dessus de la nacelle. Lohengrin délivre alors le cygne de sa chaîne; le cygne disparaît et l'on voit à sa place le jeune Godefroid.)

LOHENGRIN.

Voyez ! c'est le duc de Brabant,
Qu'il soit votre chef à présent?

(Ortrude, en voyant Godefroid. a poussé un cri. Lohengrin s'élance vivement dans la nacelle dont la colombe prend la chaîne et qu'elle emmène aussitôt. Elsa, avec un dernier mouvement de joie, contemple Godefroid, qui s'incline devant le roi. Tous les nobles fléchissent le genou devant lui; Godefroid se jette dans les bras d'Elsa. Elle tourne alors ses regards vers le fleuve et voit Lohengrin qui s'éloigne.)

ELSA.

Ah!... Mon époux! mon époux! Dieu puissant!

(Lohengrin s'éloigne emmené par la Colombe. Tous jettent un cri de douleur. Elsa tombe évanouie dans les bras de Godefroid. Lohengrin apparaît encore dans le lointain. Le rideau tombe.)

FIN.

638 Paris. — Typ. Morris père et fils, rue Amelot, 64.

s Forfaits de Pipermans, vaudeville en un acte, de MM. H. Chivot et A. Duru. 1 »
s Gammes d'Oscar, folie-vaudeville en un acte, par M. W. Busnach, musique de M. G. Douay. 1 »
Gendre, comédie en 4 actes, par M. Raymond Deslandes. In-18. 2 »
Grammaire, comédie-vaudeville en un acte, par MM. Eugène Labiche et Jolly. in-18 1 »
s Grues, comédie en 4 actes, par Aug. Delaporte. 2 »
Habit par la Fenêtre, vaudeville en un acte, par M. J. Renard. 1 »
aydée, ou le Secret, opéra-comique en 3 actes. par M. E. Scribe. Gr. in-8. 1 »
ne Histoire ancienne, comédie en un acte, par MM. Edmond About et Émile de Najac. In-18. 1 »
Homme aux 76 femmes, comédie en un acte, par MM. Siraudin, H. Thiéry et Bedeau. 1 »
Homme de bronze, comédie-vaudeville en un acte, par MM. H. Chivot et A. Duru. 1 »
Homme au pavé, vaudeville en un acte, par M. H. Thiery. 1 »
Homme de rien, comédie en 4 actes de M. Aylic Langlé. 2 »
Homme du Sud, à-propos burlesque, mêlé de couplets, par MM. Rochefort et A. Wolff. 1 »
Homme qui manque le coche, comédie-vaudeville en 3 actes, par MM. Eugène Labiche et Delacour. 2 »
Honneur du nom, drame en deux époques et 10 tableaux, par MM. Alp. Pagès et d'Albert, tiré du roman de Monsieur Lecoq, par E. Gaboriau. In-4. » 50
s Idées de Beaucornet, comédie en un acte, par MM. Adolphe Belot et Siraudin. In-18. 1 »
Ile de Tulipatan, opéra-bouffe en un acte, par MM. Henri Chivot et Alfred Duru. 1 »
an la Poste, drame anglais en 5 actes et 10 tableaux, par M. Dion Boucicault, arrangé pour la scène française, par M. Eugène Nus. Deux édit. :
1. In-18. 2 »
2. In-4 à 2 col. » 50
anne la Folle, opéra en 5 actes, par M. E. Scribe, musique de M. Clapisson. Gr. in-8. 1 »
anne qui pleure et Jean qui rit, opérette en un acte. par MM Ch. Nuitter et E. Trefeu, musique de M. Offenbach. 1 »
a Jeunesse du roi Henri, drame historique en 5 actes et 7 tableaux, de M. P. du Terrail. In-4. ». 50
a Jeunesse de Mirabeau, pièce en 4 actes, de MM. Aylic Langlé et R. Deslandes. 2 »
n Jeune Homme timide, comédie en un acte, par M. Decourcelle. In-18. 1 »
Joueur de flûte, vaudeville romain, de M. Jules Moinaux, musique gauloise de M. Hervé. 1 »
n Jour de première, comédie-vaudeville en un acte, par M. Varin. 1 »
éonard, drame en 5 actes et 7 tableaux, par MM. E. Brisebarre et Eug. Nus. In-4. » 50
isez Balzac, comédie en un acte, par MM. Eug. Nus et R. Bravard. 1 »
a Loge d'Opéra, comédie en un acte, par M. Jules Lecomte. 1 »
Luxe de ma femme, comédie-vaudeville en un acte, par MM. H. Chivot et A. Duru. 1 »
Macbeth (de Shakspeare), drame en 5 actes, en vers, par M. Jules Lacroix, 2e édit. 2 »
Madame Pot-au-Feu, comédie-vaudeville en un acte, par MM. Varin et M. Delaporte. 1 »
Mademoiselle la Marquise, comédie en 5 actes, en prose, précédée d'un prologue, par MM de de Saint-Georges et Lockroy. In-18. 2 »
La Main leste, comédie-vaudeville en un acte, par MM. Eugène Labiche et Edouard Martin. In-18. 1 »
Le Malade au mois, pièce en un acte, avec écurie et remise, par MM. Cham et A. de Lasalle. 1 »
La Malle de Lise, scènes de la vie de garçon, par M. Edouard Brisebarre. 1 »
Ma'me Maclou, folie mêlée de chant, par M. Dupin.
Marco-Spada, opéra-comique en 3 actes, par M. E. Scribe, musique de M. Auber. Gr. in-8. 1 »
Un Mari qui lance sa Femme, comédie en 3 actes, de MM. Labiche et R. Deslandes. 1 »
La Rue des Marmousets, comédie en 3 actes, de MM. Bernard Lopez et Delacour. In-18. 2 »
Les Masques, opéra-comique en 3 actes, paroles de MM. Nuitter et Beaumont, mus. de M. Pedrotti. In-18. 1 50
Les Médecins, pièce en 5 actes, par MM. E. Nus et E. Brisebarre. 2
Même Maison, vaudeville en un acte, par M. Jules Renard. 1
Ménage à quatre, vaudeville en un acte, par MM. Alfred Duru et Henri Chivot 1 »
Les Mensonges innocents, comédie en un acte, par MM. Clairville et Gastineau. 1 »
Les Mères terribles, scènes de la vie bourgeoise, en un acte, par MM. L. Chivot et Alfred Duru 1
Moi, comédie en 3 actes, en prose, de MM. Eugène Labiche et Edouard Martin. 2 »
Un Monsieur qui a perdu son mot, comédie-vaudeville en un acte. de M. Jules Renard. 1 »
Monsieur boude. scènes de la vie conjugale, en un acte, par M. Delacour. 1 »
Les Mousquetaires du Carnaval, folie-vaudeville, en 3 actes, par MM. Grangé et Lamb.-Thiboust. 1 50
Une Noce sur le carré, comédie-vaudeville en un acte, par M. Jules Renard. 1 »
Ne Touchez pas à la Reine, opéra-comique en 3 actes, par MM. Scribe et G. Vaez, musique de M. Boisselot. Gr. in-8. 1 »
La Nonne sanglante, opéra en 5 actes, par MM. Scribe et G. Delavigne, musique de M. Gounod. Gr. in-8. » 60
Nos Gens, comédie en un acte, par M. Emile de Najac. In-18. 1 »
La Nuit du 15 octobre, opérette militaire en un acte, par MM. Leterrier et Vanloo. 1 »
On lit dans l'Akhbar... vaudeville en un acte, par MM. A. de Jallais et William Busnach. 1 »
L'Orphéon de Fouilly-les-Oies, folie musicale en un acte par M. Marquet, airs nouveaux de M. Kriesol. 1 »
Permettez, madame! comédie en un acte, de MM. E. Labiche et Delacour. 1 »
La Pénitente, opéra-comique en un acte, par MM. Henri Meilhac et W. Busnach, musique de Mme de Grandval. 1 »
Le Petit de la rue du Ponceau, comédie mêlée de chant, en 2 actes, de MM. Edouard Martin et Albert Monnier. 1 »

Les Petits oiseaux, comédie en 3 actes, par MM. Eug. Labiche et Delacour. 2 »

Les Petits du premier, opéra-bouffe en un acte, par M. W. Busnach, musique de M. Em. Albert 1 »

Le Pifferaro, comédie-vaudeville en un acte par MM. Siraudin, A. Duru et H. Chivot. 1 »

Le Plus Heureux des Trois, comédie en trois actes, par M. Eugène Labiche, et Edmond Gondinet. 2 »

Les Plaisirs du dimanche, pièce en 4 actes, par MM. Thiéry et P. Avenel. In-4. » 50

Le Point de mire, comédie en 4 actes, par MM. Labiche et Delacour. 2 »

Le Premier pas, comédie en un acte, par MM. Labiche et Delacour. 1 »

Premier prix de piano, comédie-vaudeville en un acte, par MM. Labiche et Delacour. 1 »

Procédure et Cavalerie, vaudeville en un acte de MM. H. Chivot e. Alfred Duru, airs nouveaux de M. Richard. 1 »

Les Projets de ma Tante, comédie en un acte, en prose, par M. Henri Nicolle. 2e édit. 1 »

Le Petit-Voyage, pochade en un acte, p. M. Eugène Labiche. In-8. 1 »

Un Pied dans le crime, comédie-vaudeville en 3 actes, par MM. Eugène Labiche et Adolphe Choler. In-18. 2 »

Au Pied du mur, comédie en un acte, par M. E. de Najac. In-18. » 60

La Pupille d'un viveur, pièce en un acte, par MM. Lefranc et Decourcelle. In-18. 1 »

Les Rentiers, scènes de la vie bourgeoise, en 5 actes, par M. Edouard Brisebarre. In-18. 1 »

Le Rajah de Mysore, opérette bouffe en un acte, par MM. A. Duru et H. Chivot. 1 »

Les Relais, comedie en 4 actes, et en prose, par M. L. Leroy. 2 »

Retiré des affaires, comédie en deux actes, par MM. Edmond About et Emile de Najac. In-18. 1 50

Rienzi, opéra en 5 actes, paroles et musique de Richard Wagner, traduction française de MM. Nuitter et Guillaume. In-18. 1 »

La Revanche de Candaule, opéra-bouffe en un acte, de MM. H. Thiéry et Paul Avenel, musique de M. Debillemont. 1 »

Sacripant, opéra-comique en 2 actes, paroles de M. Philippe Gilles, musique de M. Jules Duprato. In-18. 1 »

Les Sabots d'Aurore, comédie en un acte, par MM. Raymond Deslandes et William Busnach. In-18. 1 »

La Saint-François, comédie en un acte, en prose, par madame Amelie Perronnet. In-18. 1 »

Salvator Rosa, drame en 5 actes et 7 tableaux par M. Ferdinand Dugué. Gr. in-8 anglais 3 »

Ces Scélérates de bonnes, vaudeville en 3 actes par MM. Laurencin et Mic. Delaporte. 1

Le Sommeil de l'innocence, comédie-vaudeville en un acte, par MM. Varin et M. Delaporte 1

Spartacus, vaudeville en un acte, de M. Charles Nuitter. 1

La Source, ballet en 3 actes et 4 tableaux, M. Charles Nuitter, chorégraphie de M. Saint-Léon, musique de MM. Minkous et Léon Delibes. In-18. 1

Un Tailleur pour Dames, comédie-vaudeville un acte, par M. J. Renard. 1

La Tante Honorine, ou les Espérances, comédie en 3 actes, par MM. Alfred Duru et H. Chivot 2

Un Ténor pour tout faire! opérette en un acte MM. Varin et Michel Delaporte, mus. de M. Robillard. 1

Les Treize, drame en 5 actes et 6 tableaux, tiré du roman de Honoré de Balzac, par MM. Ferdinand Dugué et G. Peaucellier. In-18 1

Les Trente-sept Sous de M. Montaudoin, comédie vaudeville en un acte, de MM. Labiche et Martin. 1

Les Tribulations d'un témoin, pièce en 3 actes par M. Adrien Decourcelle. In-18. 1

Trois Hommes à jupons ou l'amour et la ceinture vaudev. en un acte, par M. Carmouche. 1

Les Trous à la Lune, scènes de la vie parisienne en 4 parties, par MM. E. Brisebarre et E. Nu[illegible] 1

Les Truffes, comédie en 4 actes, mêlée de chant par MM. Ed. Martin et Alb. Monnier. 1

Les Vacances de Cadichet, vaudeville en un acte par MM. Commerson et Henri Normand. In-[illegible] 1

La Veuve Beaugency, comédie-vaudeville en acte, par MM. H. Chivot et A. Duru. 1

La Vieillesse de Brididi, vaudeville en un acte de MM. A. Choler et Henri Rochefort. 1

Les Virtuoses du Pavé, bouffonnerie musicale en acte, par M. William Busnach, mus. de M. Léveillé. »

Le Voyage en Chine, opéra-comique en 3 actes par MM. Eug. Labiche et Delacour, musique M. F. Bazin 1

Le Vrai courage, comédie en 2 actes, par MM. Belot et Raoul-Bravard. 1

La Vie de château, folie-vaudeville en 3 actes par MM. Chivot et Duru. In-18. 2

V'là le Général! folie vaudeville en un acte, par MM. Siraudin et Gaston Marot. 1

Le Wagon des Dames, comédie en un acte, par MM. Clairville et O. Gastineau. In-18 1

Yvonne, opéra comique en 3 actes, par M. Scribe, musique de M. Limnander. Gr. in-8. 1

---

633 Paris. — Typ. Morris père et fils, 64, rue Amelot.

www.ingramcontent.com/pod-product-compliance
Ingram Content Group UK Ltd.
Pitfield, Milton Keynes, MK11 3LW, UK
UKHW021911290826
14628UKWH00020B/1891